Inhalt

Steuerpolitik - Programme der Parteien zur Bundestagswahl 2005

Kernthesen

Beitrag

Fallbeispiele

Weiterführende Literatur

Impressum

GENIOS WirtschaftsWissen Nr. 09/2005 vom 07.09.2005

Steuerpolitik - Programme der Parteien zur Bundestagswahl 2005

A.Kaindl

Kernthesen

- Die SPD möchte den Reformkurs fortsetzen und Topverdiener sowie Erben stärker belasten.
- Das Bündnis 90/Die Grünen nennt Steuerpolitik vor Ökologie.
- Das Wahlprogramm der CDU/CSU ist nicht der erhoffte Befreiungsschlag geworden.
- Die FDP profiliert sich als Steuersenkungspartei.
- Die PDS und die WASG gehen mit der

Umverteilungsmaschine auf Stimmenfang.

Beitrag

Im Wahlkampf machen die Parteien das, was sie immer getan haben: Sie ignorieren die desolate Lage des Staatshaushalts. In allen Wahlprogrammen finden sich eine Fülle von unbezahlbarem Wahlversprechen. Die Antwort auf die Finanzierung fällt in allen Parteien mehr oder weniger stereotyp aus. Subventionsabbau heißt das Zauberwort.

Die wichtigsten Vorhaben im Einzelnen:

Geplante Steuerpolitik der SPD

Hohe Individualeinkommen ab einem Jahreseinkommen von EUR 250 000 für Ledige und EUR 500 000 für Verheiratete sollen stärker belastet werden. Dieser Personenkreis soll einen um 3 Prozentpunkte erhöhten Steuersatz zahlen. Genannt wird ein Spitzensteuersatz von 45 Prozent. An der Steuerfreiheit von Sonn-, Feiertags- und

Nachtarbeitszuschlägen soll festgehalten werden. Große Erbschaften sollen stärker besteuert werden. Die SPD will die Eigenheimzulage streichen und damit das neue Elterngeld finanzieren. In der Vergangenheit wollten die Sozialdemokraten das durch die Streichung der Bauförderung eingesparte Geld in die Bildung investieren. Zur Finanzierung des neuen Elterngeldes wurde auch über Veränderungen des Ehegattensplittings gesprochen. (1), (2), (3), (13)

Der Körperschaftsteuersatz für Kapitalgesellschaften soll von 25 Prozent auf 19 Prozent gesenkt werden. Außerdem planen die Sozialdemokraten, durch eine rechtsform- und finanzierungsneutrale Unternehmenssteuer alle Unternehmensformen einheitlich zu besteuern. (1), (2)

Es ist keine Erhöhung der Mehrwertsteuer geplant. (1), (2)

Geplante Steuerpolitik vom BÜNDNIS 90/DIE GRÜNEN

In der Einkommensteuer soll die Besteuerung von Unternehmen und Privatpersonen voneinander getrennt werden. Die Grünen wollen die Steuerlast bei hohen Einkommen erhöhen. In ihrem

Wahlprogramm steht ein Spitzensteuersatz von 45 Prozent, offen bleibt aber, ab welcher Einkunftshöhe der Satz greifen soll. Das ist die signifikanteste Neuerung im Wahlprogramm. Diese steht an erster Stelle, noch vor der Ökologie. Geplant ist die Wiedereinführung einer Vermögensteuer auf private Vermögen. Das Aufkommen aus größeren Erbschaften soll gesteigert und das Ehegattensplitting abgeschmolzen werden. Wie die Partei zur Steuerfreiheit von Sonn-, Feiertags- und Nachtarbeitszuschlägen steht, lässt das Wahlprogramm offen. Die Ökosteuer soll beibehalten, aber wegen der aktuellen Energie- und Ölpreise nicht erhöht werden. (1), (2), (14)

Subventionen, wie die Entfernungspauschale sowie Agrar- und Kohlesubventionen, sollen abgebaut und die Ausnahmen für die Industrie bei der Ökosteuer reduziert werden. Die Gewerbesteuer wird zu einer kommunalen Wirtschaftssteuer weiterentwickelt. Dazu werden Zinsen, Mieten und Pachten stärker einbezogen. (1), (2)

Die Partei spricht sich gegen eine Erhöhung der Mehrwertsteuer aus. (1), (2)

Geplante Steuerpolitik von

CDU/CSU

Bei der Lohn- und Einkommensteuer ist ab dem Jahr 2007 geplant, den Eingangssteuersatz auf 12 Prozent und den Spitzensteuersatz auf 39 Prozent zu senken. Die Pendlerpauschale soll reduziert, die Steuerfreiheit von Sonn-, Feiertags- und Nachtzuschlägen innerhalb von sechs Jahren schrittweise abgeschafft werden. Auch schlägt die Union vor, die Eigenheimzulage abzuschaffen. Mit dem eingesparten Geld möchte die Union von 2007 an einen Kinderbonus von EUR 50 pro Monat und Neugeborenen in der Rentenversicherung einführen. Den Bonus soll es bis zum zwölften Lebensjahr geben. Für jede Person soll es einen einheitlichen Grundfreibetrag von EUR 8 000 geben. Auf Kapitaleinkünfte wird eine Abgeltungssteuer eingeführt. Für Anleger bedeutet dies Unsicherheit, denn im Wahlprogramm steht nicht, was zu den Kapitaleinkünften zählt und wie die Bemessungsgrundlage gezogen wird. Unstrittig ist, dass Zinseinnahmen darunter fallen. Die Zinsen werden dann künftig vollständig und pauschal an der Quelle besteuert. Unklar ist indes, ob die Steuern auch auf Dividenden künftig pauschal abgegolten werden und wie mit realisierten Kursgewinnen verfahren wird. (1), (2), (5)

Der Körperschaftsteuersatz soll auf 22 Prozent gesenkt werden. Die Besteuerung von Personen- und

Kapitalgesellschaften soll rechtsformneutral für Einzelunternehmen sowie für Personen- und Kapitalgesellschaften zusammengeführt werden. (1), (2)

Die Union will die Mehrwertsteuer von 2006 an von 16 Prozent auf 18 Prozent anheben. Von den geplanten Einnahmen in Höhe von EUR 16 Milliarden sollen rund EUR 11 Milliarden genutzt werden, um den Beitrag zur Arbeitslosenversicherung von 6,5 Prozent auf 4,5 Prozent zu senken und mit EUR fünf Milliarden sollen die Länderhaushalte entlastet werden. (1), (2), (8)

Unions-Kanzlerkandidatin Angela Merkel hat den Steuerexperten Paul Kirchhof in ihr Kompetenzteam berufen. Kirchhofs Steuermodell sieht einen einheitlichen Steuersatz von 25 Prozent für alle Einkünfte vor, egal ob es sich um Löhne, Gewinne oder Dividenden handelt. Von diesem Prinzip gibt es nur drei Ausnahmen. Erstens soll es einen Grundfreibetrag von EUR 8 000 geben. Zweitens dürfen Paare ihr Einkommen zwecks Besteuerung splitten, also günstig teilen. Drittens gibt es einen ermäßigten Steuersatz (15 Prozent) für Einkommen bis EUR 18 000. (15), (16)

Geplante Steuerpolitik der FDP

Künftig sollen für Privatpersonen nur noch drei Einkommensteuersätze gelten: Für Einkommen bis EUR 15 000 soll der Steuersatz 15 Prozent betragen, in der Zone von EUR 15 000 bis 40 000 hingegen 25 Prozent und 35 Prozent für Einkommen darüber. Jeder Person in der Familie steht ein steuerfreier Grundbetrag von EUR 7 700 EUR zu. Mittelfristig streben die Liberalen eine Ein-Stufen-Steuer (Flat Tax) an. Steuerbefreiungen, Ausnahmen und steuerliche Lenkungsvorschriften und die derzeit nicht erhobene Vermögensteuer sollen abgeschafft werden. (1), (9), (10)

Die Unternehmen sollen nur noch mit höchstens 25 Prozent Körperschaft- und Einkommensteuer belastet werden. Hinzu kommt ein kommunaler Zuschlag von 2 bis 4 Prozent. Die Gewerbesteuer soll abgeschafft werden. Ausschüttungen sollen unbelastet bleiben, Dividenden und Zinsen jedoch an der Quelle mit 25 Prozent abgeltend besteuert werden. Die Erbschaftsteuer soll bei Betriebsfortführung in Raten von 10 Prozent jedes Jahr erlassen werden. (10)

Die Liberalen lehnen eine Erhöhung der Mehrwertsteuer ab. Dies möchte die Partei bei Koalitionsverhandlungen auch durchsetzen. (11)

Nur die FDP fordert in ihrem Programm eine Steuersenkung. Um EUR 17 bis 19 Milliarden will die FDP die Steuerlast reduzieren. Finanziert werden sollen die Entlastungen durch Subventionsabbau und das Streichen von Steuervergünstigungen. Knapp EUR vier Milliarden will die FDP durch Bürokratieabbau sparen, EUR drei Milliarden soll die Bekämpfung des Umsatzsteuerbetrugs erbringen und EUR zwei Milliarden ein effizienterer Einsatz des Personals in der Finanzverwaltung. (2), (3)

Obwohl die Liberalen lange die Abschaffung der Ökosteuer und des Solidaritätszuschlages gefordert hatten, finden sich diese Forderungen nicht in ihrem Wahlprogramm. Diese mussten zurückgestellt werden, da eine Durchsetzung zurzeit haushaltspolitisch nicht zu verantworten ist. (9)

Geplante Steuerpolitik von PDS / Wahlalternative Arbeit und soziale Gerechtigkeit (WASG)

Die neue Linke will durch eine weitere Verschuldung und durch eine stärkere Umverteilung von oben nach unten die Nachfrage ankurbeln und so einen

Aufschwung anfachen. Die Linkspartei setzt in ihren Überlegungen dem Wildwuchs des Marktes, wie sie es bezeichnet, die ordnende Hand des Staates entgegen. (4)

Der Eingangssteuersatz soll auf 15 Prozent ab einem Freibetrag von EUR 12 000 und der Spitzensteuersatz auf 50 Prozent von einem Einkommen von EUR 60 000 an festgelegt werden. Bis auf Pendlerpauschale und Steuerfreiheit für Nacht-, Sonn- und Feiertagszuschläge sind alle Steuervergünstigungen zu streichen. Zinseinnahmen und andere Kapitaleinkünfte will die PDS an der Quelle mit 50 Prozent besteuern. Auch soll das oberhalb von EUR 300 000 liegende Vermögen bis zu einem Vermögen von EUR 1 Million mit einem Steuersatz von 0,7 Prozent besteuert werden, darüber mit 1,5 Prozent und oberhalb von EUR 5 Millionen mit 2,5 Prozent. Die WASG fordert zudem die Wiedereinführung der Vermögensteuer und die Besteuerung von Börsen- und Devisentransaktionen. (1)

Eine Erhöhung der Mehrwertsteuer lehnt die PDS ab. (1)

Fallbeispiele

Der Präsident des Bundesverbandes der Deutschen Industrie, Jürgen Thumann, kritisierte die Steuerpläne der Union. Die angekündigte Senkung des Körperschaftsteuersatzes von 25 auf 22 Prozent bleibt hinter den Beschlüssen des Jobgipfels zurück, auf dem 19 Prozent vereinbart worden waren. Die geplante Erhöhung der Mehrwertsteuer sei nur akzeptabel, wenn sie ausschließlich zur Senkung der Lohnzusatzkosten und nicht zum Stopfen der Haushaltslöcher in den Ländern genutzt werde. Insgesamt erscheint das Unionskonzept der Wirtschaft zu zaghaft. Die größten Sympathien hegt der Verband für die Vorschläge der FDP. Diese könnten dem Land richtig Auftrieb geben. Das Programm der SPD gleiche einem Manifest der inneren Zerrissenheit und versuche den Interessen aller Strömungen in der Partei gerecht zu werden. Das Wahlprogramm der Grünen stelle kein durchdachtes Konzept dar, sondern ein Sammelsurium von zum Teil widersprüchlichen Wunschträumen. (6), (12)

Eine Umfrage des Instituts für Demoskopie Allensbach im Auftrag des Magazins Capital unter rund 500 Führungskräften aus Wirtschaft, Politik und Verwaltung kommt zu dem Ergebnis, dass 61 Prozent der deutschen Führungskräfte von einer unionsgeführten Regierung nach der für September geplanten Wahl eine Zäsur erwarten. Die Befragten stellen in Frage, dass die Union auf eine Regierungsübernahme gut vorbereitet ist. (6)

Weiterführende Literatur

(1) Die Programme der Parteien zur möglichen Bundestagswahl
aus Frankfurter Allgemeine Zeitung, 13.07.2005, Nr. 160, S. 12

(2) O.V., Union bleibt bei ihrer Forderung nach höherer Mehrwertsteuer, Pendler, Hausbauer, Unternehmen, Nachtarbeiter, Spitzenverdiener, Erben: Alle sind in verschiedener Weise von den Steuervorschlägen der Parteien betroffen, Badische Zeitung, 02.08.2005, S. 000
aus Frankfurter Allgemeine Zeitung, 13.07.2005, Nr. 160, S. 12

(3) Pichler, Roland, Die Parteien ignorieren wieder mal die Finanznot, An teuren Versprechen herrscht auch in diesem Wahlkampf kein Mangel, jedoch an Vorschlägen, wie sie zu finanzieren sind, Badische Zeitung, 29.07.2005, S. 000
aus Frankfurter Allgemeine Zeitung, 13.07.2005, Nr. 160, S. 12

(4) Das Perpetuum mobile der deutschen Linken Mit der Umverteilungsmaschine auf Stimmenfang
aus Neue Zürcher Zeitung, 25.07.2005, Nr. 171, S. 13

(5) Die Abgeltungssteuer rückt näher
aus Frankfurter Allgemeine Zeitung, 23.07.2005, Nr. 169, S. 21

(6) Wirtschaft und Wissenschaft sehen Unionspläne mit Skepsis
aus Frankfurter Allgemeine Zeitung, 20.07.2005, Nr. 166, S. 11

(7) Parteien wollen Unternehmen steuerlich entlasten
aus DIE WELT, 19.07.2005, Nr. 166, S. 3

(8) Schmergal, Cornelia / Rübel, Jan, CDU und CSU beschließen Wahlprogramm, Union erhöht Umsatzsteuer auf 18 Prozent, Welt am Sonntag, 10.07.2005, Nr. 28, S. 1
aus DIE WELT, 19.07.2005, Nr. 166, S. 3

(9) FDP profiliert sich als Steuersenkungspartei Wahlprogramm verspricht Entlastungen von 17 bis 19 Mrd. Euro · Liberale wollen Kulturminister · Gegen höhere Mehrwertsteuer
aus Financial Times Deutschland vom 26.07.2005, Seite 10

(10) FDP will mit Steuerreform Bürger und Wirtschaft entlasten Gegen Erhöhung der Mehrwertsteuer - Priorität für Arbeit im Wahlprogramm

aus Börsen-Zeitung, 26.07.2005, Nummer 141, Seite 6

(11) Die FDP will einen Neuanfang statt Halbherzigkeiten
aus Frankfurter Allgemeine Zeitung, 26.07.2005, Nr. 171, S. 1

(12) FDP-Wahlprogramm schneidet beim BDI am besten ab Thumann: Union realistisch, aber zaghaft - Rot-Grün bleibt unter der Messlatte
aus Börsen-Zeitung, 20.07.2005, Nummer 137, Seite 7

(13) SPD weicht Finanzierungsfragen aus Parteispitze beschließt Wahlprogramm für erwartete Bundestagswahl · Alle Flügel begrüßen Vorschläge von Schröder und Müntefering
aus Financial Times Deutschland vom 05.07.2005, Seite 11

(14) Das grüne Wahlprogramm: Steuerpolitik vor Ökologie
aus Frankfurter Allgemeine Zeitung, 11.07.2005, Nr. 158, S. 4

(15) Das Kirchhof-Modell 25 Prozent Einkommensteuer. Ausnahmen keine. Fast keine
aus taz, 17.08.2005, S. 3

(16) Kirchhof will große Steuerreform 2007 umsetzen
aus netzeitung.de vom 18.08.2005

Impressum

Steuerpolitik - Programme der Parteien zur Bundestagswahl 2005

Bibliografische Information der deutschen Nationalbibliothek

Die Deutsche Nationalbibliothek verzeichnet diese Publikation in der deutschen Nationalbibliografie; detaillierte bibliografische Daten sind im Internet über http://dnb.d-nb.de abrufbar.

ISBN: 978-3-7379-1331-7

© 2015 GBI-Genios Deutsche Wirtschaftsdatenbank GmbH, Freischützstraße 96, 81927 München, www.genios.de

Alle Rechte vorbehalten. Dieses Werk ist einschließlich aller seiner Teile – z.B. Texte, Tabellen und Grafiken - urheberrechtlich geschützt. Jede Verwertung außerhalb der Grenzen des Urheberrechtsgesetzes bedarf der vorherigen Zustimmung des Verlags. Dies gilt insbesondere auch für auszugsweise Nachdrucke, fotomechanische Vervielfältigungen (Fotokopie/Mikroskopie), Übersetzungen, Auswertungen durch Datenbanken oder ähnliche Einrichtungen und die Einspeicherung und Verarbeitung in elektronischen Systemen.